Georg Joseph Vogler

Voglers Tonschule und Tonwissenschaft

Georg Joseph Vogler

Voglers Tonschule und Tonwissenschaft

ISBN/EAN: 9783743361201

Hergestellt in Europa, USA, Kanada, Australien, Japan

Cover: Foto ©Thomas Meinert / pixelio.de

Manufactured and distributed by brebook publishing software (www.brebook.com)

Georg Joseph Vogler

Voglers Tonschule und Tonwissenschaft

Georg Joseph Vogler's,

Päpstlichen Erzzeugen, Ritters vom goldenen Sporne, Kämmerers des apostolischen Pallastes, Seiner Kuhrfürstlichen Durchleucht zu Pfalz geistlichen Rathes, Hofkapellanes und Hofkapellenmeisters, auch öffentlichen Tonlehrers, und der arkadischen Gesellschaft in Rom Mitgliedes,

Tonwissenschaft und Tonsezkunst.

Mannheim

gedruckt in der kuhrfürstlichen Hofbuchdruckerei,

1776.

Dem

Durchleuchtigsten Fürsten

und Herrn,

Herrn

Karl Theodoren,

Pfalzgrafen bei Rheine, des heil. römischen Reiches Erzschazmeister und Kuhrfürsten, Herzoge in Baiern, zu Gülich, Kleve und Bergen, Fürsten zu Mörs, Marquisen zu Bergen op Zoom, Grafen zu Veldenz, Sponheim, der Mark, und Ravensberg, Herrn zu Ravenstein u. s. w.

meinem gnädigsten Kuhrfürsten und Herrn

Durchleuchtigster Kuhrfürst,
gnädigster Fürst und Herr!

Als ich mein Vatterland vor fünf Jahren verlies, um meine Kenntnise in der Tonwissenschaft, der ich mich von Jugend auf gewidmet hatte, zu erweiteren und zu vervollkommnen: wo konnte ich meinen Weg wohl anders hinrichten, als nach der Wohnstadt des deutschen Apollo, nach dem berühmten Mannheim, wo Euere kuhrfürstliche Durchleucht ein Chor von Tonkünstlern unterhalten, dessen Ruf sich bis an die äusersten Gränzen von Europa verbreitet hat, und das wirklich seines Gleichen in der Welt suchet? So sehr ich nun durch die Höhe, welche die Feinheit und der gute Geschmack in dieser Kunst hier bestiegen haben, in Verwunderung gesezet wurde: so sehr muste ich über die ausserordentliche Huld erstaunen, mit welcher Euere kuhrfürstliche Durchleucht auf mich herab zu strahlen geruheten, da Höchstdieselben mich nicht nur diesem erhabenen Chore einverleibten, sondern auch in Wälschland reisen liesen,

damit

damit ich mir die Einsichten der grosen Männer, die dieses glückliche Vatterland der Tonkunst so häufig gezeuget hat, zu Nuzen machete. Da ich von diesen allerhöchsten Gnadenbezeigungen ganz durchdrungen bin: so lege ich gegenwärtiges Werkgen, als ein schuldiges, wiewohl schwaches Dankopfer, Euerer kuhrfürstlichen Durchleucht in aller Ehrfurcht zu Füsen. Findet dasselbe bei Höchstdenselben einen eben so gnädigen Beifall, als meine bisher gesezten Tonstücke: so wird mir das ein neuer und mächtiger Sporn sein, in der mir gnädigst angewiesenen Laufbahn unermüdet fortzuarbeiten, gleichwie ich denn nichts sehnlicher wünsche, als mich der höchsten Gnaden einigermasen würdig zu machen. In diesem Wunsche und Bestreben ersterbe ich

Euerer kuhrfürstlichen Durchleucht

meines gnädigsten Fürsten und Herrn

Schwezingen den 15ten Herbstmonat 1776.

unterthänigst treu gehorsamster

Vogler.

Dem Leser.

Die Verhältnisse und das Ebenmas, worauf sich die Tonwissenschaft gründet, sind an sich gewiß und unveränderlich. Ein Tonlehrer, der dieses Ebenmas kennet, wird also auch im Stande sein, in seinem Unterrichte allgemeine, sichere, und keinem Zweifel, keiner Ausnahme unterworfene Regeln zu geben. Diese Regeln müssen die Zahl aller möglichen Wohl- und Übelklängen, aller Umwendungen, Verbindungen, Vorbereitungs- und Auflösungsarten, aller Schlußfälle und Ausweichungen, sie müssen das Gebäud der harten, weichen und vermischten Leitern, die Eintheilung, die Folge, die Lage u. s. w. bestimmen. Eine hinlängliche Erörterung dieser Stücke wird man noch in keinem Werke finden. Da sie mir aber zu meinen Vorlesungen bei der von seiner kuhrfürstlichen Durchleucht neu errichteten Tonschule unumgänglich nothwendig ist: so habe ich es gewaget,

die-

dieselbe zu unternehmen, und den Liebhabern der Tonwissenschaft in diesen Blättern vorzulegen. So neu dieses Werk in seiner Art ist: so weit bin ich nichts destoweniger davon entfernet gewesen, andere Lehrmeinungen darin anzufeinden. Vielleicht werde ich nicht ein gleiches Betragen gegen mich von allen Seiten zu erwarten haben. Indessen werde ich alle Zweifel, die man mir etwann zuschicken mögte, eben so bereitwillig auflösen, als freundschaftliche Erinnerungen zur Verbesserung meines Werkes mit Danke annehmen. Aber Kunstrichtern, die ihre Ehre blos in Verachtung Anderer suchen, werde ich niemal mit einem Buchstaben antworten.

Mannheim den 16ten Herbstmonat
1776.

Tonwissenschaft.

1. §. Die Tonwissenschaft ist eine Wissenschaft, aus sicheren Gründen der Verhältnise der Töne zu bestimmen, was dem Gehöre wohl oder übel klinge.

2. §. Verhältnise werden durch Grössen ausgedrücket; diese aber vermittels eines Masstabes bestimmet.

3. §. Die Tonwissenschaft mißt ihre Verhältnise auf der Saite ab.

Weil aber alle erfoderliche Verhältnise auf einer Saite nicht können gefunden werden: so kann man sich füglicher eines acht- und gleichsaitigen Tonmases bedienen, dessen

erste Saite in 9 gleiche Theile abgemessen werden kann

zweite	10
dritte	11
vierte	12
fünfte	13
sechste	14
siebente	15
achte	16

4. §. Um nun zwischen denjenigen gefundenen Tönen, welche mit der nämlichen Benennung vorkommen, einen Unterschied zu machen: so bemerket man das tiefeste c auf dem Claviere, und die sechs nachfolgenden Töne mit grosen Buchstaben; die folgenden sieben mit kleinen; wieder sieben mit einem; ferner mit zwei; und zulezt mit drei untergezogenen Strichen, z. B.

C D E F G A H c d e f g a h

c d e f g a h c d e f g a h c d e f

5. §. Wenn man zwei Saiten von gleicher Dicke und Länge gleichmäsig anspannet: so kömt derselbige Ton hervor, und wird der Einklang genannt z. B. das F auf dem Claviere, das von zweien gleich gestimmten Saiten ertönt.

6. §. Theilet man die Saite in zwei gleiche Theile: so werden sie zwar gegen sich gemäs voriger Verhältnis als der Einklang lauten, zur ganzen Saite aber auf dem Claviere die achte Stimme sein z. B.

f zum F

½ : 1

7. §. Theilet man die Saite in drei gleiche Theile: so entspringt zur ganzen die zwölfte Stimme, welche aber Kürze halber zur Achten als die Fünfte betrachtet wird.

$\underline{c}$ zum F oder $\underset{-}{c}$ zum f

$\frac{1}{3}$: 1 $\frac{1}{3}$: $\frac{1}{2}$

8. §. Theilet man sie in fünf gleiche Theile: so entspringt zur ganzen Saite die siebenzehente Stimme, welche aber gleichfalls Kürze halber zur Fünfzehnten als die Dritte betrachtetwird. $\underset{-}{a}$ zum F oder $\underset{-}{a}$ zum $\underset{-}{f}$

$\frac{1}{5}$: 1 $\frac{1}{5}$: $\frac{1}{4}$

9. §. Die erste Verhältnis des Ganzen zum Ganzen (5. §.) ist die angenehmste, aber die einfachste; die lezte Verhältnis des Fünftel zum Ganzen (8. §.) ist die mannigfaltigste, aber von bemeldten am wenigsten angenehm. Das Ganze zum Ganzen oder 1 : 1 ist die nächste; das Ganze zum Fünftel oder 1 : $\frac{1}{5}$ ist die entferntere: daraus folgt, daß, je näher die Verhältnis eines Tons mit dem andern ist, desto angenehmer, aber einfacher; je entfernter die Verhältnis ist, desto mannigfaltiger, aber weniger angenehm er dem Gehöre klinge.

10. §.

10. §. Auf den Einklang beziehet sich die Hälfte, das Viertel, das Achtel u. s. w.

F	f	f	f
		—	—
			—
1	$\frac{1}{2}$	$\frac{1}{4}$	$\frac{1}{8}$

auf das Drittel bezieht sich das Sechstel

$\frac{1}{3}$	$\frac{1}{6}$
c	c
—	—
	—

auf das Fünftel bezieht sich das Zehntel

$\frac{1}{5}$	$\frac{1}{10}$
a	a
—	—
	—

11. §. Wenn man die ganze Saite, ihre bisher gefundene Antheile, nämlich ihre Hälfte, ihr Drittel, ihr Fünftel, Sechstel, und Achtel zugleich ertönen läßt: so vernimt man eine angenehme Zusammenstimmung nicht nur allein mit dem Haupt- und Grundklange, sondern auch unter sich selbsten. Zöge man nun Stimmen aus der Mitte, legte sie zum Grunde, und zehlte die andern davon her: so würden die Verhältnise zwar um-

gewendet, die Bezieferungen verändert, aber das Gehör gleichmäsig vergnügt werden.

12. §. Demnach folgt der richtige Schluß: daß

gleichwie 1) F zum F, d. i. der Einklang,

$$1 : 1$$

ebenfalls f zum F, d. i. die Achte;

$$\frac{1}{2} : 1$$

gleichwie 2) $\underline{c}$ zum f, d. i. die Fünfte,

$$\frac{1}{3} : \frac{1}{2}$$

ebenfalls $\underline{f}$ zum $\underline{c}$, d. i. die Vierte;

$$\frac{1}{4} : \frac{1}{3}$$

gleichwie 3) $\underline{a}$ zum $\underline{f}$, d. i. die grose Dritte,

$$\frac{1}{5} : \frac{1}{4}$$

ebenfalls $\underline{\underline{f}}$ zum $\underline{a}$, d. i. die kleine Sechste;

$$\frac{1}{8} : \frac{1}{5}$$

gleichwie 4) $\underline{a}$ zum $\underline{c}$, d. i. die grose Sechste,

$$\frac{1}{5} : \frac{1}{3}$$

ebenfalls $\underline{\underline{c}}$ zum $\underline{a}$, d. i. die kleine Dritte

$$\frac{1}{6} : \frac{1}{5}$$

ein Wohlklang sei: folglich sind acht Wohlklänge.

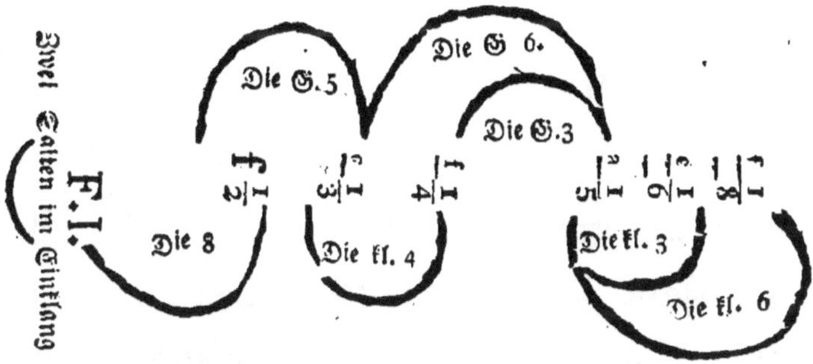

13. §. Diese sind die Gründe dessen, was verschiedene Erfahrnise schon bestättiget haben: nämlich, warum eine einzige ausgespannte Saite z. B. F ihr Drittel c, und Fünftel a noch mit ertönen lasse, und hingegen drei eben so gestimmte Orgelpfeifen dem Gehöre als ein einziger Ton vorkommen.

14. §. Diese angegebenen acht Wohlklänge beziehen sich, wie bewiesen worden, auf die drei Wurzelzahlen 1, $\frac{1}{3}$, $\frac{1}{5}$, oder auf die Wohlklänge: den Einklang, die Fünfte, die Dritte. Um aber die andern Töne beizufügen, welche eine harte

oder weiche Tonleiter ausmachen sollen: muß man sich wieder obiger Verhältnise bedienen.

15. §. Es werden zwei Gränztöne gewehlet, z. B. c und $\underline{c}$, dem ersten c wird zur Vermeidung der doppelten Brüche die Zahl $\frac{1}{24}$ angewiesen; denn es war von F als das Drittel hergeleitet, und vermög der Steigzahl 2, welche die achte bestimmet, bezieht sich $\frac{1}{24}$ auf $\frac{1}{12}$, $\frac{1}{6}$, und leztlich auf $\frac{1}{3}$. Dem zweiten $\underline{c}$ der achten Stimme vom $\frac{1}{24}$ gebührt gemäs der Verhältnis $\frac{1}{2}$: 1 die Zahl $\frac{1}{48}$.

16. §. Wie sich nun bei Ausmessung der Saite f zum $\underline{c}$ verhielte:

$\frac{1}{2} : \frac{1}{3}$

so muß sich c zum g und g zum $\underline{d}$ verhalten;

$$\frac{1}{24} : \frac{1}{36} \qquad \frac{1}{36} : \frac{1}{54}$$

das f, dem die Zahl $\frac{1}{2}$, $\frac{1}{4}$, $\frac{1}{8}$, $\frac{1}{16}$ zukam, weil es zwischen $\frac{1}{24}$ und $\frac{1}{36}$ zu stehen kömt, wird zu $\frac{1}{32}$ erhoben; und dann heist es:

wie

wie $\frac{1}{2}$: $\frac{1}{3}$

so c zum g

$\frac{1}{24}$: $\frac{1}{36}$

f zum $\underline{c}$

$\frac{1}{32}$: $\frac{1}{48}$

g zum $\underline{d}$

$\frac{1}{36}$: $\frac{1}{54}$

Das $\underline{d}$ aber, welches höher ist, als $\underline{c}$,

$\frac{1}{54}$ $\frac{1}{48}$

wenn es nachmals um acht Töne tiefer, und zwischen c und f seine Stelle hat, wird

$\frac{1}{24}$ $\frac{1}{32}$

auf $\frac{1}{27}$ zurück gesezet.

Wie sich oben $\underline{f}$ zum $\underline{a}$ verhielte

$\frac{1}{4}$: $\frac{1}{5}$

so muß sich auch c zum e verhalten:

$\frac{1}{24}$: $\frac{1}{30}$

g zum h

$\frac{1}{36}$: $\frac{1}{45}$

Das a, dem die Zahl $\frac{1}{5}$, $\frac{1}{10}$, $\frac{1}{20}$ zukam, wird zu $\frac{1}{40}$ erhoben.

Wie sich oben $\underline{a}$ zum $\underline{f}$ verhielte

$\frac{1}{5}$: $\frac{1}{4}$

so muß sich auch g zum es verhalten.

$\frac{1}{36} : \frac{5}{144}$

c zum as

$\frac{1}{48} : \frac{5}{192}$

d zum b

$\frac{1}{54} : \frac{5}{216}$

Daher wird die harte, und weiche Tonleiter folgendermasen zusammengesezt.

c	d	e	f	g	a	h
$\frac{1}{24}$	$\frac{1}{27}$	$\frac{1}{30}$	$\frac{1}{32}$	$\frac{1}{36}$	$\frac{1}{40}$	$\frac{1}{45}$
		es			as	b
		$\frac{5}{144}$			$\frac{5}{192}$	$\frac{5}{216}$

17. §. Die natürliche Tonleiter hat sieben Töne; denn ist sie im c weich: so sind e, a und h ausgeschlossen; ist sie aber hart: so hat sie weder es, as, noch b; und auf diese Tonarten beziehen sich alle andere.

18. §. Die vermischte Tonleiter hat zwölf Töne; denn sie schaltet noch zwei Töne ein, und muß sich c zum des verhalten,

f ges

wie h zum c

$\frac{1}{15} : \frac{1}{16}$

Um

Um aber das cis zu finden, welches mit dem Tasten des eins, der Verhältnis nach aber sehr unterschieden ist, muß es von a als die grose Dritte hergeleitet werden. Die Zahl $\frac{1}{40}$ bezieht sich auf $\frac{1}{5}$: das Fünftel von $\frac{1}{5}$ ist $\frac{1}{25}$: folglich bekömt cis die Zahl $\frac{1}{25}$.

19. §. In der vermischten Tonleiter giebt es ganze, und halbe Töne. Ganze sind, zwischen welchen ein Ton liegt, wie zwischen c und d, d und e. Halbe, zwischen welchen keiner ist, z. B. zwischen h und c, c und cis.

20. §. Unter den ganzen sind einige gros, die andern klein.

c zum	d verhält wie	$\frac{1}{24} : \frac{1}{27}$	oder $\frac{1}{8} : \frac{1}{9}$
f	g	$\frac{1}{32} : \frac{1}{36}$	
a	h	$\frac{1}{40} : \frac{1}{45}$	
d zum	e verhält sich wie	$\frac{1}{27} : \frac{1}{30}$	oder $\frac{1}{9} : \frac{1}{10}$
g	a	$\frac{1}{36} : \frac{1}{40}$	

$\frac{1}{8} : \frac{1}{9}$ ist ein groser ganzer Ton oder, welches einerlei ist. 9 : 8, oder $\frac{8}{9}$.

$\frac{1}{9} : \frac{1}{10}$

$\frac{1}{9} : \frac{1}{10}$ oder 10 : 9. oder $\frac{9}{10}$ ist ein kleiner ganzer Ton: folglich verhält sich der grose zum kleinen wie $\frac{8}{9} : \frac{9}{10}$. Löset man dieses Verhältnis in ganze Zahlen auf, welches geschieht, wenn man übers Kreuz vervielfältiget: so verhalten sich beide Töne gegen einander wie $\frac{1}{80} : \frac{1}{81}$ oder 81 : 80.

$$\frac{8}{9} \times \frac{9}{10}\ \frac{80}{81}.$$

21. §. Dieser Unterschied wird durchgehends ein Comma genennet. Sollte nun dieser Unterschied $\frac{80}{81}$ der allgemeine Masstab von den Tönen sein: so müßten, wenn auf einer Saite 80 durch sich selbst neunmal; auf der andern Saite 91 durch sich selbst neunmal vervielfältiget würden, zwei Zahlen entspringen, die sich wieder verhielten wie $\frac{1}{8} : \frac{1}{9}$ oder 9 : 8.

Bei diesem Verfahren aber äussert sich: daß die erste Zahl an der neunten Stelle etwas zu stark, an der achten Stelle zu gering sei: folglich ist es falsch, daß 9mal das Comma genommen einen ganzen en Ton; noch fälscher aber, daß es $4\frac{1}{2}$ mal genommen einen halben Ton ausmache.

22. §. Unter den halben Tönen sind einige gros, die andern klein:

e zu f verhält sich wie $\frac{1}{30} : \frac{1}{32}$ } oder $\frac{1}{15} : \frac{1}{16}$
h c $\frac{1}{45} : \frac{1}{48}$ }

c zu cis verhält sich wie $\frac{1}{24} : \frac{1}{25}$
des : d

$\frac{1}{15} : \frac{1}{16}$ oder 16 : 15 oder $\frac{15}{16}$ ist ein groser halber Ton.

$\frac{1}{24} : \frac{1}{25}$ oder 25 : 24 oder $\frac{24}{25}$ ist ein kleiner halber Ton.

vervielfältiget man beide über das Kreuz: so entsteht zwischen cis und des folgender Unterschied $\frac{15}{16} \times \frac{24}{25}$ $\frac{375}{384}$. Weil nun die obere Zahl ein kleinerer Theiler ist, so ist der Antheil gröser, und ein tieferer Ton, die untere aber ein gröserer Theiler, mithin geringerer Antheil, und höherer Ton.

23. §. Wenn man die Saite in sieben Theile abmißt: so ist die Verhältnis schon weit ent-

entfernter, aber auch nicht so angenehm als die obigen der Wohlklänge, und hier entspringt die ein und zwanzigste Stimme, welche aber Kürze halber zum Viertel als die kleine Siebente betrachtet wird z. B.

C	c	b
1	$\frac{1}{4}$	$\frac{1}{7}$

24. §. Sie dienet zur Unterhaltung, und vergnügt das Gehör, sie stellet es aber nicht zufrieden; denn es erwartet noch ganz unruhig die Bewegung, und Auflösung in einen Wohlklang; welche Auflösung aber hinaufwärts geschehen muß, wenn man die leitermäsige Antheile der Saite zur oberen Stimme wählen, und mit den drei verwandtesten Hauptklängen die Grundstimme bestreiten will.

z. B.	c	d	e	f	g	a	b	h	c
	$\frac{1}{8}$	$\frac{1}{9}$	$\frac{1}{10}$	$\frac{1}{11}$	$\frac{1}{12}$	$\frac{1}{13}$	$\frac{1}{14}$	$\frac{1}{15}$	$\frac{1}{16}$
	C	G	C	F	C	F	C	G	C

b ist hier die kleine Siebente, und bewegt sich hinauf ins h, das ein Wohl-

klang,

klang, und die grose Dritte von G ist, wodurch die Auflösung bewirket wird.

25. §. Sonst aber muß die Auflösung allzeit unterwärts geschehen, weil man hiedurch sich dem Grundton, und Hauptklange nähert. z. B. b a

C F

26. §. Diese Unterhaltungssiebente ist in unserer Tonleiter nicht anzutreffen; denn wenn zum g, welches die Zahl $\frac{1}{36}$ hat, das folgende f sich verhalten sollte, wie zum $\frac{1}{4}$ das $\frac{1}{7}$: so müßte f mit $\frac{1}{63}$ vorkommen. Weil aber der grose ganze Ton sich verhält wie $\frac{1}{8}$ und $\frac{1}{9}$, und nicht wie $\frac{1}{7}$ zu $\frac{1}{8}$: so kann auch das f zum folgenden g sich nicht wie ein $\frac{1}{63}$ zu $\frac{1}{72}$ verhalten, sondern wie $\frac{1}{64}$: $\frac{1}{72}$ oder wie $\frac{1}{8}$: $\frac{1}{9}$ und daher sind wir gemüßiget, uns mit dieser Siebente $\frac{1}{36}$: $\frac{1}{63}$ d. i. $\frac{1}{9}$: $\frac{1}{16}$ zu behelfen, und ihr die Vorzüge der obigen einzuräumen, aus Ursach, daß sie auf die nämliche Art das $\frac{1}{5}$ und $\frac{1}{6}$ beigesellter mit

sich

sich führt, und dann die zwei kleine Dritten h zu d und d zu f in annehmlicher Eintracht neben einander liegen.

27. §. Das weiteste Feld in unseren Tonsezungen nehmen die Siebenten ein, und um sie ferner zu bestimmen wird es am deutlichsten sein, daß man gemäs der Lage unserer Tonleiter die Siebente, Dritte, und Fünfte eines jeden Tones untersuche, und in Anbetracht der Ähnlichkeit mit der Unterhaltungssiebente, oder des Abstandes die billige Masregeln zur Ausübung ergreife.

28. §. Diese bereits erwehnte Siebente gehörte dem G als fünften Tone vom C zu. Die Siebente des siebenten Tones von der weichen Tonart ist die verminderte. Sie entstehet, wenn man zum e $\frac{1}{30}$ oder $\frac{1}{15}$ seine grose Dritte gis $\frac{1}{75}$ erfindet; alsdann das Gis zum Grunde leget, und mit ihm das folgende f $\frac{1}{128}$ verbindet.

Ver=

Vervielfältiget man die wahre Unterhaltungssiebente mit der verminderten übers Kreuz $\frac{4}{7}$ ✕ $\frac{75}{128}$ $\frac{512}{525}$: so kömt für die Unterhaltungssiebente ein kleinerer Theiler, also gröserer Antheil und weiterer Abstand, für die verminderte aber ein gröserer Theiler, also geringerer Abstand zum Vorscheine: und daher gebühren ihr alle Freiheiten der Unterhaltungssiebenten.

29. §. Bei der Siebenten des siebenten Tones H liegen die nämliche zwei kleine Dritten nebeneinander, wie beim fünften Tone G; ihre Entfernung vom Hauptklange $\frac{1}{45}$: $\frac{1}{80}$ ist ebenmäsig wie $\frac{1}{9}$: $\frac{1}{16}$; daher kann man auch diese Siebente ohne Beleidigung des Gehöres eintreten lassen. Sie muß sich aber allezeit abwärts auflösen. Manchesmal kann sie das Gehör, welches durch Anhalten der Unterhaltungssiebente noch nicht zufrieden ist, beruhigen. z. B. 7 7

G H c

30. §. Man muß mit dieser Siebenten die Siebente des zweiten Tones H in der weichen Tonart A nicht vermischen; denn ob man schon glauben könnte, die Zwischentöne d und f wären dieselbige: so findet man jedoch, wenn man ihre gleiche Verhältnis von dem weichen C entlehnt, daß f zu as sich nicht wie $\frac{1}{54} : \frac{1}{64}$ oder $\frac{1}{27} : \frac{1}{32}$, sondern wie $\frac{1}{160} : \frac{1}{192}$ verhalte, deren Stelle d und f im weichen A vertreten; folglich kann diese Siebente nicht anders angewendet werden, als daß sie schon vorher ein Wohlklang, und entweder zum A die Achte

D ~~Neunte~~

F Dritte

oder zum H mit der grosen Dritte, und grosen Fünfte die Unterhaltungssiebente gewesen sei, und alsdann sich eben so auflöse, wie die vorige Siebente.

31. §. Dieses ist das Verfahren der Vorbereitung und Auflösung, welches bei allen Übelklängen statt findet.

32. §.

23. §. Die Siebente des zweiten Tones in der harten Tonart hat auch dieselbige Entfernung vom Hauptklange; aber ihre Dritten sind so verlegt, daß sie der grosen Siebente des ersten Tones, welche erst als $\frac{1}{15}$ gefunden werden kann, gleichet: denn, gleichwie hievon die zwei grose Dritten c zu e, und g zu h von der kleinen e zu g unterbrochen sind, so sind auch bei der Siebenten des zweiten Tones die kleine Dritten d zu f, a zu c von der grosen f zu a unterbrochen; und deswegen ist sie übelklingender, als vorige Siebente des siebenten Tones in der harten Tonart.

33. §. Noch übelklingender ist die Siebente des sechsten, und dritten Tones, und wird deutlich aus der Verhältnis bewiesen.

a zum g verhält sich wie $\frac{1}{40} : \frac{1}{72}$
e d $\frac{1}{30} : \frac{1}{54}$ $\Big\}$ $\frac{1}{5} : \frac{1}{9}$;

vergleichet man nun gegenwärtige mit voriger, deren Verhältnis ist wie $\frac{1}{9} : \frac{1}{16}$; $\frac{5}{9} \times \frac{9}{16}\ \frac{80}{81}$: so findet sich oben ein kleinerer Theiler für gegenwärtige; also ein grösserer Antheil, und weitentfernterer Abstand, als für vorige.

34. §. Die grose Siebente ist noch übelklingender; denn sie wird erst als das $\frac{1}{15}$ gefunden z. B.

c zum h

$\frac{1}{8}$: $\frac{1}{15}$ $\frac{8}{15}$)($\frac{5}{9}$ $\frac{72}{75}$ oder $\frac{24}{25}$

35. §. Hier sind siebenerlei Siebenten, die, ob sie schon unter einem Namen begriffen sind, gemäs ihrer Verhältnise, in der Ausübung verschiedene Wirkung hervorbringen; welches aber, wenn man noch mehrere erfände, nicht erfolgen würde.

36. §. In unserer Tonleiter sind sieben Töne. Die drei Wohlklänge hat man oben als die drei nächste Verhältnise gefunden. Nur diese befriedigen das Gehör so, daß man damit anfangen, und schliesen könne. Die Siebenten wurden mehr aus der Lage der Tonleiter, als ihrer Verhältnise erläutert. Nun sind

noch

noch die drei andere Uebelklänge zu bestimmen.

37. §. Theilet man die Saite C in 9 Theile: so entspringt zum C das $\frac{1}{9}$ $\underline{\underline{d}}$, welches aber zum $\frac{c}{\frac{1}{4}}$ die neunte Stimme ist.

38. §. Theilt man die Saite C in 11 Theile: so entspringt das $\frac{1}{11}$ $\underline{\underline{f}}$, welches aber zum $\frac{1}{4}$ die elfte Stimme ist.

39. §. Theilt man endlich die Saite C in 13 Theile: so entspringt das $\frac{1}{13}$ $\underline{\underline{a}}$, welches aber zum $\frac{c}{\frac{1}{4}}$ die dreizehnte Stimme ist.

40. §. Diese drei lezt gefundenen machen mit der Siebente vier Übelklänge, und sind obigem Geseze (30. §.) allzeit unterworfen.

Würde man die Saite in siebenzehen Theile abmessen: so käme ein Ton hervor, der in unserer Leiter gemäs bisherigen Untersuchung keine Stelle haben kann.

41. §. Wenn man die natürliche Tonleiter (24. §.) gegen der gekünstelten betrachtet (16. §.) worin sich

f zum c wie $\frac{1}{2}$: $\frac{1}{3}$ verhalten mußte

$\frac{1}{32}$: $\frac{1}{48}$

f a $\frac{1}{4}$: $\frac{1}{5}$

$\frac{1}{32}$: $\frac{1}{40}$

b c $\frac{1}{64}$: $\frac{1}{72}$

$\frac{1}{8}$: $\frac{1}{9}$: so erklärt sich die Ursache von sich selbsten, warum die Waldhorn oder Trompeten das f höher, und das a und b im Gegentheile tiefer anstimmen, als unsere Saitenspiele.

42. §. Warum aber, wenn das e auf der Geige zum a als die Fünfte; a als die Fünfte von d; d zum g als die Fünfte; und das g zum c der Bratsche als die Fünfte zum allergenauesten stimmet, das obige e als die grosse Dritte zum c zu hoch klinge, wird aus verschiedenen Herleitungen,

leitungen, und dem Unterschiede des grosen und kleinen ganzen Tones bewiesen.

c	g	d	a	e
1	$\frac{1}{3}$	$\frac{1}{9}$	$\frac{1}{27}$	$\frac{1}{81}$

Hier verhält sich e zum d als ein groser ganzer Ton; denn erhebet man d immer mit der Steigzahl 2: so wird endlich $\frac{1}{72}$ entspringen, welches sich zum $\frac{1}{81}$ verhält wie $\frac{1}{8} : \frac{1}{9}$.

c	e	e	ë	e	e
1	$\frac{1}{5}$	$\frac{1}{10}$	$\frac{1}{20}$	$\frac{1}{40}$	$\frac{1}{80}$

Hier verhält sich e zum c als die grose Dritte, und $\frac{1}{5}$ zum d als der kleine ganze Ton $\frac{1}{10} : \frac{1}{9}$.

Folglich, wenn das e zum d den Unterschied eines grosen ganzen Tones enthält, wie es in der Fünftenstimmung geschieht: so muß es $\frac{1}{81}$ und höher sein, als $\frac{1}{80}$, welches zum d ein kleiner ganzer Ton, und die natürliche grose Dritte zum c ist.

43. §. Gleichwie die Wohlklänge immer Wohlklänge bleiben, wenn sie auch versezet sind, und die Beziefferung verändert wird: so bleiben die Übelklänge auch Übelklänge, wenn sie schon versezet sind. Und hier, bei den Umwendungen haben erst folgende Ziefern Plaz:

Die Zweite. Die Vierte. Die Sechste.

Denn, leget man die Siebente zum Grunde: so wird der Hauptklang zur Zweiten; die Dritte zur Vierten; die Fünfte zur Sechsten werden. z. B.

G	h	d	f	F	g	h	d
Hauptkl.	3	5	7	Grundstimme	2	4	6

44. §. Sollte die zweite ein Ubelklang sein: so müßte man eine Eigenschaft an ihr entdecken, welche sie mit den Übelklängen gemein hätte. Sie kann aber ohne Vorbereitung angeschlagen werden, und hat keine Bewegung, noch Auflösung nöthig. Wäre sie deswegen übelklingend, weil

die

die Siebente zum Grunde läge: so könnten wir niemalen mehr mit Bestand einen Wohlklang bestimmen; weil eben sowohl der Übelklang z. B. die Neunte in Gestalt der Fünften erscheinen kann.

C	e	g	d	Umwendung G	c	e	d
Hauptkl.	3	5	9	die Fünfte zum	4	6	5
zum Grunde				Grunde			

45. §. So ist demnach jener Lehrsaz unvermeidlich, worauf sich nachstehende Anleitung zur Tonsezung fusen solle; nämlich: daß alle mögliche Zusammenstimmungen sich auf die einfacheste Bezieferung von 3 und 5 beziehen; daß derjenige Ton dem sie zukömt, für den Hauptklang gehalten werden müsse; daß von diesem alle Wohl- und Übelklänge hergezehlet werden, und dem nämlichen Geseze unterworfen sein, sie mögen in der Höhe oder Tiefe liegen.

46. §. Also sind die Zweite, Vierte, Sechste keine Übelklänge, weil, wenn

man den Hauptklang erforschet, sie zu Wohlklängen werden.

47. §. Die Neunte aber, die Elfte, und Dreizehente sind Übelklänge; weil, wenn man den Hauptklang mit allen seinen Wohlklängen erforschet, sie immer in der weit entfernten Verhältnis von dem Hauptklange bleiben.

48. §. Noch zur Zeit ist immer auch von denjenigen, die keine Elfte, und Dreizehente erkannten, zwischen der zweiten, und Neunten ein Unterschied bemerket worden, und dieser bestund niemals darin, daß die Zweite tiefer, und die Neunte höher sei, gleichwie sich das Gegentheil sehr leicht erweisen läßt:

c	f	a	d	c	d	e	g
	4	6	2		9	3	5

sondern, daß die Zweite eine Umwendung und die Neunte ein Übelklang sei.

49. §. Gleichwie sich aber die Zweite zur Neunten verhält: so verhält sich die Vierte zur Elften, und die Sechste zur Dreizehnten.

c	d	d	f	f	a	a
	2	9	4	11	6	13.

50. §. Wenn nun die Zweite von der Neunten sich söndert: so muß auch die Vierte von der Elften, und die Sechste von der Dreizehenten unterschieden werden. Und wenn die Zweite ein Wohlklang; die Neunte aber ein Übelklang ist: so muß auch die Vierte ein Wohl- die Elfte ein Übelklang; die Sechste ein Wohl- die Dreizehente ein Übelklang sein.

51. §. Vor dem Schlusse der Tonwissenschaft müssen noch die Tonverbindungen aus vorigen Verhältnisen zusammen gezogen werden.

In der Untersuchung der Töne wurden Dritte, Fünfte, und Siebente gefunden. Leztere war zwar siebenerlei, aber gemäs der Tonleiter, welche $\frac{1}{63}$ und $\frac{1}{64}$ u. s. w. nicht unterscheidet, nur dreierlei: nämlich die grose C zu h.
kleine G f
verminderte Gis f.

52. §. Zweierlei Dritten, und Fünften fand man in den Zwischentönen der Zusammenstimmungen. Wenn man aber den vierten Ton als das $\frac{1}{11}$ gemäs obiger Verhältnis der natürlichen Tonleiter erhöhet, so muß die kleine Dritte in der weichen Tonart zur verminderten werden.
z. B. D zu f kleine
Dis f verm.

Und, wenn der fünfte Ton seine grose Dritte dem dritten Tone der weichen Tonart zurückläßt: so wird sie zur übermäsigen Fünfte.
E gis Gr. 3.
C gis überm. 5.

53. §. Wenn die bisherigen neun Tonverbindungen umgewendet werden: so entspringen noch neun; folglich sind es achtzehen.

Die 9, 11, 13 nehmen keine besondere Stelle ein; denn wenn d die grose Zweite vom C ist, so ist auch d die grose Neunte. u. s. w.

c kl. 4	h G 4.	c verm. 4
g G. 5	f kl. 5	gis über. 5
C	H	C

c kl. 6	a G 6	dis überm. 6
e G. 3	c kl. 3	f verm. 3
C	A	Dis

c kl. 2	g G. 2	gis überm. 2
h G. 7	f kl. 7	f verm. 7
C	G	Gis

54. §. Zum Schluße der Tonwissenschaft folget ein kurzer Inbegriff der sieben Hauptklängen der harten und weichen Tonart mit all ihren Übelklängen und Umwendungen.

Im

Im obersten, und untersten Fache sind die Hauptklänge zum Grunde.

Die mittlere Fächer enthalten die Umwendungen, und zwar im zweiten von oben herunter, und im zweiten von unten hinauf liegt die Dritte; im dritten von oben und unten liegt die Fünfte zum Grunde.

Im vierten von oben und unten liegen die Übelklänge zum Grunde.

1) Der erste Ton von der harten Tonart.

2) Der fünfte von der harten Tonart, auch von der weichen, wenn ein Schlußfall geschieht.

3) Der erhöhte siebente Ton, welcher mit der grosen Dritte gis des fünften Tones E in der weichen Tonart A eins ist, verursacht, daß das f die verminderte Dritte werde.

4) Der siebente Ton in der harten Tonart mit der kleinen Siebente.

5) Der vierte in der weichen Tonart erhöhet, weil das $\frac{1}{11}$ von A nicht sowohl d, als dis ist, und hiezu wird die kleine Dritte die verminderte.

6) Der zweite von der weichen Tonart. Seine Siebente wird durch die Erhöhung der Dritte erträglicher, und deßwegen in der Ausübung ohne Vorbereitung angeschlagen. Dieser Ton vertritt gleichsam die Stelle des fünften Tones vom fünften Tone E.

7) Der fünfte vom F, aber in der Lage so; daß der fünfte Ton E vom weichen A mit der grosen Dritte vorhergegangen, und die übermäsige Fünfte vorbereitet hat. Dieser Fall ist selten. Wäre die Siebente gros, nämlich h, so würde C der Dritte von der weichen Tonleiter A sein.

8) Der

8) Der zweite Ton von der weichen Tonart.

9) Der zweite Ton von der harten Tonart

10) Der dritte von der harten Tonart.

11) Der sechste von der harten Tonart.

12) Der erste in der harten Tonart mit der grosen Siebente.

13) Der vierte.

14) Der dritte in der weichen Tonart.

15) Der erste Ton mit der grosen Neunte. Die Dritte könnte auch klein sein. Wäre es die kleine Neunte des: so wäre C der fünfte mit der grosen Dritte vom weichen F. Wäre die Neunte übermäsig, und dis: so wäre der Hauptton E, und C hievon der sechste, und dann müßte, um das dis ins cis aufzulösen (denn ins c wär es keine Bewegung

mehr

mehr, sondern ein Sprung) Ais mit der kleinen Dritte folgen.

16) Der erste Ton mit der Elfte f könnte auch die kleine Dritte es haben. Wäre die Elfte gros, und fis: so würde C der vierte Ton vom G sein.

17) Der erste Ton mit der Dreizehenten a. Wäre sie klein, und as: so würde C der fünfte Ton vom weichen F werden.

Vor dem F kann kein Ton hergehen, von welchem das ais ein Wohlklang wäre; folglich ist der Fall von der übermäsigen Dreizehenten nicht möglich.

18) Der erste Ton mit der Neunte, und der Elfte. Auf diese Art können auch alle vier Übelklänge mit den Wohlklängen vereiniget, bezieferet, und umgewendet werden.

Es sind hier noch etliche Töne der weichen Tonleiter mit Vorbedacht übergangen worden; weil, ob ihre Verhältnise schon unterschieden, sie sich in der Anwendung nicht söndern, ja vielmehr mit einer gewissen Zweideutigkeit das Gehör auf die harte Tonart zurückführen, z. B. der erste, dritte, und fünfte Ton der weichen Tonart mit ihren kleinen Dritten, und übelklingenden Siebenten würden mit dem sechsten und dritten der harten Tonart nur zu viel übereinkommen, und so auch von den andern.

Haupt-

	Hauptklänge	Umwendungen: Die 3 im Grund	Umwendungen: Die 5 im Grund	Überklänge
1	g 5 1/6 e 3 1/5 C 1/4	c 6 1/8 g 3 1/6 E 1/5	e 6 1/5 c 4 1/4 G 1/3	
2	f 7 1/64 d 5 1/54 h 3 1/45 G 1/36	g 6 1/72 f 5 1/64 d 3 1/54 H 1/45	h 6 1/45 g 4 1/36 f 3 1/32 D 1/27	d 6 1/54 h 4 1/45 g 2 1/36 F 1/32
3	f 7♮ 1/128 d 5 1/108 h 3 1/90 Gis 1/75	gis 6* 1/75 f 5 1/64 d 3 1/54 H 1/45	h 6 1/90 gis 4* 1/75 f 3 1/64 D 1/54	d 6 1/108 h 4 1/90 gis 2* 1/75 F 1/64
4	a 7 1/80 f 5 1/64 d 3 1/54 H 1/45	h 6 1/45 a 5 1/40 f 3 1/32 D 1/27	d 6 1/54 h 4 1/45 a 3 1/40 F 1/32	f 6 1/64 d 4 1/54 h 2 1/45 A 1/40
5	c 7♮ 1/96 a 5 1/80 f 3 1/64 Dis 1/55	dis 6* 1/55 c 5 1/48 a 3 1/40 F 1/32	f 6 1/64 dis 4* 1/55 c 3 1/48 A 1/40	a 6 1/80 f 4 1/64 dis 2* 1/55 C 1/48
6	a 7 1/80 f 5♮ 1/64 dis 3* 1/55 H 1/45	h 6 1/90 a 5 1/80 f 3♮ 1/64 Dis 1/55	dis 6* 1/55 h 4 1/45 a 3 1/40 F 1/32	f 6♮ 1/64 dis 4* 1/55 h 2 1/45 A 1/40
7	b 7b 1/256 gis 5* 1/225 e 3 1/180 C 1/144	c 6 1/288 b 5b 1/256 gis 3* 1/225 E 1/180	e 6 1/360 c 4 1/288 b 3b 1/256 Gis 1/225	gis 6* 1/225 e 4 1/180 c 2 1/144 B 1/128
8	a 7 1/240 f 5 1/192 d 3 1/160 H 1/135	h 6 1/135 a 5 1/120 f 5 1/96 D 1/80	d 6 1/160 h 4 1/135 a 3 1/120 F 1/96	f 6 1/192 d 4 1/160 h 2 1/135 A 1/120
9	c 7 1/48 a 5 1/40 f 3 1/32 D 1/27	d 6 1/27 c 5 1/24 a 3 1/20 F 1/16	f 6 1/32 d 4 1/27 c 3 1/24 A 1/20	a 6 1/40 f 4 1/32 d 2 1/27 C 1/24

	Überklänge	Umwendungen: im Grund	Umwendungen: Die 5 im Grund	Umwendungen: Die 3 im Grund	Hauptklänge
10		h 6 1/15 g 4 1/12 e 2 1/10 D 1/9	g 6 1/24 e 4 1/20 d 3 1/18 H 1/15	e 6 1/20 d 5 1/18 h 3 1/15 G 1/12	d 7 1/54 h 5 1/45 g 3 1/36 E 1/30
11		e 6 1/15 c 4 1/12 a 2 1/10 G 1/9	c 6 1/24 a 4 1/20 g 3 1/18 E 1/15	a 6 1/20 g 5 1/18 e 3 1/15 C 1/12	g 7 1/18 e 5 1/15 c 3 1/12 A 1/10
12		g 6 1/24 e 4 1/20 c 2 1/16 H 1/15	e 6 1/20 c 4 1/16 h 3 1/15 G 1/12	c 6 1/16 h 5 1/15 g 3 1/12 E 1/10	h 7 1/15 g 5 1/12 e 3 1/10 C 1/8
13		c 6 1/24 a 4 1/20 f 2 1/16 E 1/15	a 6 1/20 f 4 1/16 e 3 1/15 C 1/12	f 6 1/16 e 5 1/15 c 3 1/12 A 1/10	e 7 1/15 c 5 1/12 a 3 1/10 F 1/8
14		gis 6 1/25 e 4 1/20 c 2♮ 1/16 H 1/15	e 6 1/40 c 4♮ 1/32 h 3 1/30 Gis 1/25	c 6 1/32 h 5 1/30 gis 3* 1/25 E 1/20	h 7 1/30 gis 5* 1/25 e 3 1/20 C 1/16
15		c 7 1/16 g 4 1/12 e 2 1/10 D 1/9	d 5 1/9 e 6 1/5 c 4 1/4 G 1/3	d 7 1/9 c 6 1/8 g 3 1/6 E 1/5	d 9 1/9 g 5 1/6 e 3 1/5 C 1/4
16		e 7 1/15 c 5 1/12 g 2 1/9 F 1/8	f 7 1/16 e 6 1/15 c 4 1/12 G 1/9	f 9 1/32 c 6 1/24 g 3 1/18 E 1/15	f 11 1/32 g 5 1/18 e 3 1/15 C 1/12
17		g 7 1/18 e 5 1/15 c 3 1/12 A 1/10	a 9 1/20 e 6 1/15 c 4 1/12 G 1/9	a 4 1/40 c 6 1/24 g 3 1/18 E 1/15	a 13 1/20 g 5 1/18 e 3 1/15 C 1/12
18	d 6 1/27 e 7 1/15 c 5 1/12 g 2 1/9 F 1/8	f 10 1/64 c 7 1/48 g 4 1/36 e 2 1/30 D 1/27	f 7 1/32 d 5 1/27 e 6 1/15 c 4 1/12 G 1/9	f 9 1/32 d 7 1/27 c 6 1/24 g 3 1/18 E 1/15	f 4 1/32 d 9 1/27 g 5 1/18 e 3 1/15 C 1/12

Tonsezkunst.

1. §. Wer die Wohlklänge von den Übelklängen unterscheiden will, muß den Hauptklang jeder Zusammenstimmung zu bestimmen wissen; dieser mag liegen, wo er will: so ist er mit seiner Dritten, und Fünften wohlklingend. Die Übelklänge, ob sie in der Höhe, oder Tiefe, oder gar zum Grunde liegen, sind immer demselbigen Geseze unterworfen.

2. §. Die verminderte Dritte wird öfters füglicher vorbereitet, als frei angeschlaggen, und die übermäsige Fünfte kann niemals eintreten, ohne vorher ein Wohlklang gewesen zu sein.

3. §. Sie werden aber in Ansehung ihres Ursprunges nicht unter die Übelklänge gezehlet; denn ihre Auflösung erfodert

keine Bewegung, wie jene der Ubelklänge. Ferner sind sie folgendem Geseze keineswegs unterworfen: daß die Übelklänge im Aufschlage müssen vorbereitet, im Niederschlage angeschlagen, und wieder im Aufschlage aufgelöset sein. Daher sind folgende Säze fehlerhaft.

				9		8				
	6	|	5	5	|	—	5	|		‖
	7	|	7	3	|	—	4	|	3		‖
c	g	|	g	c	|	c	g	|	g	c	‖

und müssen so sein:

	|	6 5	|	9 8	|	5	|	
	|	7	|		|	4 3	|	
C	|	G	|	C	|	G	|	C

beides aber kann hier gesezet werden.

3✻	5✻	|	5	3♮	|	3✻	|			5✻	5	|	3♮	3✻	‖
E	C	|	F	D✻	|	E	|	E	|	C	F	|	D✻	E	‖

4. §. Die Ursache hievon ist die Deutlichkeit. Das Gehör fodert Säze, die klar, und ordentlich eingetheilet sind. Deßwegen ist ein jedes Tonstük in seine Schläge zergliedert. Betrachtet man nun die zwei ver=

verwandetste Töne, den ersten, und fünften in ihrer einfachsten Lage: so muß man z. B. den ersten Schlag dem ersten; den zweiten Schlag dem fünften; den dritten Schlag wieder dem ersten Tone einräumen.

5. §. Wie sich der erste Schlag zum zweiten verhält: so verhält sich der erste halbe zum andern halben; wie sich der erste halbe zum andern halben verhält: so verhält sich das erste Viertel zum zweiten Viertel, und so kann man ihn bis auf seine kleinste Theile zergliedern.

6. §. Wenn man nun an dem Plaz des fünften Tones den ersten; an den Plaz des ersten Tones den fünften leget, und es auch mit den Übelklängen, welche den stärksten Eindruck ins Gehör machen, merklicher bekräftiget: so muß das Gehör beleidiget werden.

7. §. Im lezten Beispiele der übermäsigen Fünfte und verminderten Dritte hört die Ursache, und mit ihr besagter Fehler auf.

8. §. Hiedurch erläutert sich, warum oft in Tonstücken sich etwas äussert, was der Ordnung des Schlages, dem Bogenstrich; kurz, der Natur zuwider ist.

9. §. Die Übelklänge kommen füglicher mit Bindungen vor, aber dieses findet nicht allemal besonders bei den Singstimmen Plaz, da oft bei dem Anschlage des Übelklanges eine neue Silbe eintrit.

10. §. Alle Bindungen sind auch nicht Übelklänge.

z. B. g c | c a | a d | d h
6 5 6 5
E | F | Fis | G

11. §. Manchesmal springt der Wohlklang um etwas vor, der erst nachher hätte ein-

eintreten sollen; und von diesen Vorsprüngen kann folgender Saz ein Beispiel sein:

e h | h | c gis | gis
6 6✻
C Gis A H

12. §. Die Zurükhaltungen dörfen mit den Übelklängen nicht vermischt werden; denn im vorigen Beispiele der Bindungen war nicht im zweiten Schlage das a verzögert, und das c zurükgehalten? Sogar können oft die Zwischenklänge, welche zwischen den geltenden Tönen eingeschaltet sind, zurükgehalten, und verzögert werden z. B. Wohlklänge: c e g c
Um das Ohr mehr anzufüllen, werden diese Zwischenklänge d f ah eingeschaltet.

Hohe Stimme. c d e f g a h c
Grundstimme. C E G C

c dd ee ff g|g aa hh cc e
C C G G E E C C

13. §. Die Vor- und Nachschläge werden durch die Hauptklänge von den Wohlklängen unterschieden.

f e	e d	c	f und e sind Vorschläge.
C	G	C	
e f	d e	c	f und e sind Nachschläge.
C	G	C	

14. §. Die Auflösung muß immer mit Bewegung, und hinabwärts geschehen: daher muß z. B. nach dem fünften Tone G mit der Unterhaltungssiebente ein Hauptklang folgen, der e mit sich führet, so zwar, daß es entweder zum C die Dritte, oder zum E die Achte, oder zum A die Fünfte abgebe; obigen Fall (29. §.) ausgenommen, wenn die Unterhaltugssiebente vom siebenten Tone auf folgende Art aufgelöset wird.

f	f	e
d	d	c
h	a	g
7	7	
G	H	C

15 §. Weil nun das e zum Fis als dem siebenten Tone vom G ohne Vorbereitung angeschlagen werden kann; so kann auch Fis als der Hauptklang nach dem G eintreten: folglich eine Siebente in eine andere Siebente sich auflösen, aber in eine Siebente von verschiedener Gattung; denn, wenn man die Siebente f des fünften Tones G in die Siebente es des fünsten Tones F auflösen wollte: so müste das Gehör beleidiget werden; weil f, welches die Siebente vom G ist, anstatt sich aufzulösen, nachmal der Hauptklang würde. Es wäre also dieser Gang gefehlt $\overset{7}{G}\ \overset{7b}{F}$. Eben auch folgender: $\overset{7}{G}\ \overset{6}{A}$; denn er ist die Umwendung des vorigen nur mit dem Unterschiede, daß lezterer keine Siebente mit sich führet.

16. §. Gleichfalls werden in gegenwärtigen Beispielen die Übelklänge, anstatt sich aufzulösen, Wohlklänge, und sind Fehler,

oder aber die Übelklänge müssen nicht mehr aufgelöset werden.

I	II	III	IV	V	VI
6 3	6 5	6 4	6 3	6♯ 4 3	5 4
E	F	G	A	A	G |

VII	VIII	IX	X	XI	XII	XIII
6 5	5	6♯ 4♯ 3	5 3♯	6 4♯ 2♯	7 3♯	6 3
Fis	G	A	H	C	H	C

Der erste Saz bereitet die Siebente des zweiten Tones richtig vor; denn nachher ist D beim F der Hauptklang. Im dritten Saze wird die Siebente der Hauptklang: also nicht aufgelöset. Die Elfte im sechsten Saze ist richtig vorbereitet, aber im siebenten Saze nicht aufgelöset; sie bleibt liegen. Im zehenten Saze beim Hauptklange H verschwindet die verminderte Siebente c, die vorher da gewesen. Im elften Saze erscheint sie wieder, aber in der Grundstimme, und löset sich in den Einklang H wohl auf, aber die Siebente des H wird gleichfalls

bei

bei dem C mit der 6 der Hauptklang A, und ist der obige Fehler.

17. §. Die Neunte kann von den drei Wohlklängen nicht nur allein, sondern auch von den Übelklängen vorbereitet werden. z. B.

d	d	d	d	d
8	3	5	7	9
D	H	G	E	C

Im ersten Falle ist sie Achte; im zweiten die Dritte, dann die Fünfte, und Siebente.

18. §. Auf jede von diesen vier Arten insbesondere kann die Neunte vorbereitet werden, und vierfach

	in die 8	3	5 und	7
von	C	A	F	Dis

sich auflösen, nicht aber in die Siebente von D; weil gemäs obiger Ursache derjenige Ton, der übel klingt, und noch aufzulösen ist, gar der Hauptklang würde.

19. §. Wenn die überflüsige Neunte vorfällt z. B. d* zum Hauptklang C, so bleibt die Auflösung nicht mehr willkührlich, sondern es muß nothwendiger Weise ein Hauptklang sich vorfinden, zu welchem c* stimmt (von dis zu c ist keine Bewegung, wie sie die Auflösung fodert, sondern ein Sprung) und dieser Fall kann sich in der weichen Tonart folgendermasen eräugnen. z. B.

7 3*	9*	7 3*	3*	
H	C	A	H	E.

20. §. Die Elfte kann nebst voriger Vorbereitung der Neunte noch von der Neunte selbst und folglich auf fünferlei Art vorbereitet werden.

f	f	f	f	f	f
8	3	5	7	9	11
F	D	H	G	E	C

aber nur viererlei, nämlich:

in die	8	3	5	7
von	E	A	C	Fis

sich auflösen.

21. §. Offenkündig ist, daß die Elfte noch weniger, als vorige Übelklänge liegen bleiben kann; und daher ist folgender, obschon gemeine Gang gefehlt.

$$\begin{matrix} & 7 & 8 \\ & 5 & 5 \\ 5 & 4 & 3 \\ 3 & 2 & \\ C & C & C \end{matrix}$$

Erstens ist die Beziefferung unrichtig; denn es müssen dem Orgelspieler zur Deutlichkeit die Wohlklänge vor- und die Übelklänge nachgesezet werden. Weil nun beim zweiten Saze zum Hauptklange G mit seiner dritten h, und Fünften d, die Siebente f in der dritten Umwendung, wo die Elfte c zum Grunde liegt, als eine Vierte erscheint, so hätte sie sollen oben und den Wohlklängen nachgesezt werden. Zweitens sollte die Elfte C anstatt liegen zu bleiben, sich folgendermasen unterwärts auflösen:

$$\begin{matrix} & 4 & & \\ & 7 & 6 & \\ 5 & 5 & 5 & \\ 3 & 2 & 3 & \\ C & C & H & C \end{matrix}$$

22. §. Die Dreizehente kann auf sechserlei Arten, wie folgt, vorbereitet werden

a	a	a	a	a	a	a
8	3	5	7	9	11	13
A	F	D	H	G	E	C

kann aber auch nur auf viererlei Art, nämlich

in die 3	die 3	die 5	die 7
von G	E	C	A*

sich auflösen.

23. §. Die Auflösung überhaupt kann ferner noch auf dreierlei Art geschehen. Erstens vermittels eines Vorsprunges z. B.

d	d	c	c
5	9	8	
G	C		C

Im zweiten Schlage ist die Achte C vorgesprungen; denn sie hätte gewöhnlicher Weise erst im dritten Schlage eintreten sollen.

34. §. Zweitens durch einen eingemischten Wohlklang. z. B.

d		d	g		c
5		9			8
G		E	D		C

Die Grundstimme D ist ein Zwischenklang, und hier ist zwischen der 9te d, und 8te c, das g die Fünfte eingeschaltet, vielleicht um die eckelhafte Gleichheit der obern mit der Grundstimme zu vermeiden.

25. §. Drittens, wenn eine Stimme mit der andern den Übelklang vertauscht, und ihn von selbiger auflösen läst. z. B.

f	d	g
7	6 4 2	6
G	F	E

Hier ist die Siebente der hohen Stimme von der Grundstimme ausgetauscht, und aufgelöset worden.

26. §. In Gelegenheit der Auflösung der Übelklänge haben wir ersehen, daß die Folge der Hauptklänge Nichts gleichgültiges sei, und hievon sind noch folgende Anmerkungen zn machen.

27. §. Die natürlichste Versezung der sieben Töne ist gemäs der Tonwissenschaft jene, wo der folgende vom vorhergehenden in der nächsten Verhältnis steht z. B. zum C das G, und F. Mithin ist diese Folge dem Gehöre so angenehm, daß man um es recht zufrieden zu stellen, auf diese zwei Arten in einen Ton fallen, und schliesen muß; und daher sind die zwei natürlichsten Schlußfälle entweder vom fünften Ton in den ersten. z. B. G. C. oder vom vierten in den ersten z. B. F. C. welches leztere in der harten Tonart etwas zweideutig ist, da eben sowohl F der erste, hievon C der fünfte Ton, und die Umkehrung des obigen Schlußfalles sein kann; wobei einzig, und allein der Anfang des Tonstückes entscheiden muß.

28. §. Noch vollkommner wird der erste Schlußfall sein, wenn man dem fünften Tone seine Siebente zugesellet. $\overset{7}{G}$. C. Um beide noch prächtiger vorzustellen, so können alle Übelklänge mit vereinbaret werden, welche gleichwie der Schatten das Licht, eben so die Wohlklänge erheben müssen: damit das Gehör desto angenehmer beruhiget werde, als begieriger es durch Anhalten der Übelklänge die Wohlklänge erwartet hat. z. B.

						6	5 4	5
						4	3 2	3
	7		4 3			5		
7	4	3	9 8			3		
D	G	G	C	‖	F	C		

zum zweiten C müssen nebst den Übelklängen der 11, und 13, welche man deutlicher mit 4 und 6 anmerket, noch die Wohlklänge 3 und 5 beigefüget werden, um alle Zweideutigkeit zu vermeiden, damit man nicht bei der Bezieferung des C mit $\frac{6}{4}$ das F für den Hauptklang ansehe.

Die Bezieferung $\frac{5\,4}{3\,2}$ ist durchgehend.

29. §. Aus der Tonwissenschaft ist die Ähnlichkeit des siebenten mit dem fünften Tone bekannt; denn betrachtet man den siebenten ohne die Siebente, und den fünften mit der Siebenten z. B.

fünfter G h d f:
siebenter H d f

so sind die Wohlklänge des siebenten in der Zusammenstimmung des fünften enthalten. Betrachtet man den siebenten mit der Siebente: so ist nebst der annehmlichsten Eintracht der Zwischentöne auch die Entfernung des Hauptklanges von der Siebenten dieselbige. Daher folgt, daß man auch mit dem siebenten Tone einen Schlußfall bestimmen könne. z. B.

$\overset{5}{H}\ \overset{5}{C}$ oder $\overset{7}{H}\ C$

oder $\overset{6}{D}\ C$ $\quad \overset{3}{\overset{6}{\overset{4}{F}}}\ C$

30. §. Wenn man den vierten Ton aus obig bewiesenen Gründen erhöhet: so wird er dem

dem siebenten Tone vom fünften ähnlich, und kann auch dieselbige Wirkung hervorbringen.

$$\overset{5}{\text{Fis}}\ \overset{5}{\text{G}}.\ \text{oder}\ \overset{7}{\text{Fis}}\ \text{G}$$

Für die Lage ist besser $\overset{6\sharp}{\text{A}}\ \text{G} \qquad \overset{\substack{3\\6\\4\sharp}}{\text{C}}\ \text{G}$

31. §. Die weiche Tonart hat eben diese vier Schlußfälle; aber viel bestimmter. Sie ist in der Natur nicht gegründet; denn, wenn man eine Saite auch in mehrere hundert Theile abmißt: so wird nieniemalen die kleine Dritte ertönen. Diese Tonart ist nur durch die Verrückung zweier Dritten entstanden, nämlich: anstatt, daß zwischen a und cis eine grose Dritte, und zwischen cis und e eine kleine Dritte war: so hat man zuerst die kleine a zu c, und nachgehends die grose c zu e gesezt; daher muß, um das Gehör zufrieden zu stellen, und um eine Entscheid-

ung zu erzwingen, der fünfte Ton zum Schlußfalle die grose Dritte haben.

3✻   3✻
E   A | A   E

Und deßwegen nimt sie den zweiten obigen Schlußfall nicht an D A (3♭ 3♭), läßt aber die Umkehrung des vorigen nicht zweideutig; denn das weiche A kann nicht für den vierten Ton vom harten E angesehen werden.

32. §. Es ist auch keine Gefahr, daß der siebente Ton mit dem vierten vermischt werde.

                                     7♭
                       5   5
     5   7   3♭   3✻   3♭   3✻
Gis A | Gis A || Dis E | Dis E

                  3   6♮
                  6   4✻
        6✻   4✻   6✻   3✻   3   3✻
besser H A | D A || F E | A E

der siebente mit der kleinen Dritte.   der vierte mit der verminderten Dritte.

33. §. Manchesmal werden leztere zwei Schlußfälle zusammengeschmolzen. z. B.

7 3✻ Dis	3✻ E
der siebente,	der fünfte.

Hier ist Dis der siebente Ton vom E, und E gleich darauf wegen seiner grosen Dritte der fünfte vom A.

34. §. Der zweite Ton der weichen Tonart pflegt auch das Gehör ziemlich zu beruhigen, und deßwegen ist folgender Schlußfall 7/5/3✻ H 3✻ E nicht selten und durchgehends in gegenwärtiger Lage 6/4/3 F 3✻ E.

Hieraus ersieht man, daß es gleichwie in der harten Tonart fünf; so auch fünf in der weichen: folglich zehn Schlußfälle gebe.

35. §. Nach obiger Lage und Bewegung der Hauptklänge entweder fünf Töne ab-

wärts, oder vier Töne hinaufzu können auch alle sieben Töne der Leiter folgendermasen versezet werden.

	7	7	7	7	7	7	
C	F	H	E	A	D	G	C||

	7	7	7	7	7	7	7	5	7 3♯	7♮	5 3♮
A	D	G	C	F	H	E	A	D	E	Gis	A.

36. §. In gegenwärtigem ersten Beispiele kömt jeglichem Tone jene Siebente zu, welche von der Tonwissenschaft ist untersucht worden, und hier zeigen sich in der Ausübung obige Gründe, warum die Siebente des A unangenehmer, als jene des D; die Siebente des D nicht so angenehm, als jene des G; und das Gehör nicht eher beruhiget werde, bis endlich die drei einfache Wohlklänge beim C eintreten.

37. §. Im zweiten Beispiele (34. §.) kömt Nichts entscheidendes, und alles mit der harten Tonart zweideutig zum Vorscheine; bis endlich zulezt der fünfte Ton das zweitemal,

mal, aber mit der grosen Dritte eintrit. Diese wird die Grundstimme, und der siebente Ton zum weichen A.

38. §. Das erste Beispiel (34. §.) stellt uns gleichsam Schlußfälle von der ersten Gattung vor, wo C von F als der fünfte; F von H u. s. w. betrachtet wird.

39. §. Wenn man das erste Beispiel umkehren wollte:

C G D A E H F C

so wären es gleichsam Schlußfälle von der zweiten Gattung, worin C vom G als der vierte Ton, G von D u. s. w. oder G vom C als der fünfte, und so immer als die Umkehrung des obigen Schlußfalles betrachtet werden könnte.

40. §. Überhaupt aber sind unsere Tonsezungen voller Schlußfälle; denn diese verursachen eine Mannigfaltigkeit, und die Abwechslung unterhält auch am besten.

Es ist aber immer rathsamer, daß nach unangenehmen Säzen angenehme, als, daß nach angenehmen unangenehme folgen: darum ist im ersteren Beispiele die Tonfolge F H E angenehmer, als im zweiten, wo eben dieselbige umgekehrt sind E H F; denn nach dem H mit der kleinen Dritte und kleinen Fünfte ist E zwar auch mit der kleinen Dritte, aber doch mit der grosen Fünfte dem Gehöre schon angenehmer, als wenn es vorgienge, und H folgte, wiewohl die zwei weiche Tonarten E und H eine sehr trockene, aber andächtige, und Choralmäsige Wirkung hervorbringen. Es ist ein merklicher Unterschied, ob man vom F zum H als eine grose Vierte, oder vom H zum F zu einer kleinen Fünften springe.

41. §. Diese beiden sind die feindlichsten Säze in der ganzen Tonleiter aus verschiedenen Ursachen.

Erst-

Erstlich ist aus der Tonwissenschaft bekannt, daß das Drittel zur Saite die grose Fünfte; das Fünftel die grose Dritte sei. Vereinbaret man diese Wohlklänge: so entspringen unter ihnen selbst die Verhältnise der kleinen Vierte, und der kleinen Dritte, aber die grose Vierte, oder die kleine Fünfte hat keinen Plaz.

42. §. Zweitens fraget man, welcher Ton vermittels der Vorzeichnung am weitesten vom F, welches ein b hat, entlegen sei: so kann es nicht cis mit sieben Kreuze sein; denn es läßt sich als Des mit fünf b beschreiben, sondern wird F* mit sechs Kreuze, oder Ges mit sechs ben sein: und so verhält sich F zu H.

43. §. Drittens will man auf dem Claviere den entlegensten Ton vom F suchen: so wird es oben, oder unten ebenmäsig h sein.

	cis		dis		fis		gis		b	
H c		d		e F		g		a		H.

44. §. Dem ersten Tone mit der Gr. Dritte kann der zweite mit der kl. 3; dem fünften Tone mit der G. 3 kann der sechste mit der kl. 3 folgen, und diese Tonfolge kann auch ohne Eckel umgewendt werden; denn sie enthält eine angenehme Abwechslung. z. B.

C D | G A || D C | A G.

45. §. Dem dritten Tone mit der kl. 3 kann der vierte mit der G. 3; dem sechsten Tone mit der G. 5. kann der siebente mit der kl. 5. aus obigem Grunde folgen. z. B.

3♮ E F. | 3♮ A 5♮ H.

Der leztere Fall kömt mit dem ersten, und zweiten der weichen Tonart überein. Beide Fälle können nicht wohl umgekehrt werden; und dieses mehr wegen der Lage der obern Stimmen, als wegen der Folge der Hauptklänge.

6. §. Zwei nebeneinander liegende Töne, welche auch gleiche Dritte, und Fünfte haben, beleidigen das Gehör z B.

5 3♮ E	5 3♮ D	5 3♮ D	5 3♮ E	G	F	F	G.

Dieses leztere ist erlaubt, ja dem Gehöre sehr angenehm, wenn G als der fünfte Ton von C betrachtet wird, und seiner Lage nach die Siebente bei sich haben könnte. z. B.

F G C
A
E
F*

Und darum versteht sich nur, daß in obigem Falle das Gehör beleidiget würde, wenn nach dem G das H oder das D folgte; weil nicht mehr die vergnügende Abwechslung, sondern eine verdrüsiche Tonseinheit dem Gehöre Eckel verursachen würde.

47. §. In den wälschen Tonstücken findet man die Tonfolge der kleinen Dritte sehr wenig; hingegen in der französischen sind sie sehr stark eingemischt, und anstatt, daß die Wälschen F G C. C $\overset{3\sharp}{\text{D}}$ G. G $\overset{3\sharp}{\text{A}}$ D. F $\overset{3\sharp}{\text{E}}$ A. diese und dergleichen Säze d. i. meistens lauter harte Tonarten, und bei den weichen doch immer den fünften Ton mit der grosen Dritte, auch wo kein Schlußfall nöthig wäre, in Übung haben: so pflegen die Franzosen folgende zu sezen.

C $\overset{3\natural}{\text{D}}$ G. $\overset{3\natural}{\text{E}}$ $\overset{3\natural}{\text{A}}$ $\overset{3\natural}{\text{D}}$ G. $\overset{5}{\text{F}}$ $\overset{5\natural}{\text{H}}$ C.

Und hieraus folgt, daß jene auf der Schaubühne; diese aber in der Kirch bessere Wirkung hervorbringen.

Eine dem Gehöre angenehme, und zur oberen Stimme sowohl im Auf- als Absteigen schickliche Folge der Hauptklängen wäre gegenwärtige:

c	d	e	f	g	a	h	c
C	G	C	F	E	A	G	C.

48. §. Was bisher von den Hauptklängen gesagt worden, soll auch von allen Umwendungen verstanden sein, und das Gesez der Abwechslung hat auch in die Lage seinen weitesten Einfluß; denn gleichwie keine zwei neben einander liegende Töne, welche die nämliche Dritte und Fünfte haben, nach einander folgen können: also kann in der Lage auch keine Stimme von der anderen zweimal die Achte, oder zweimal die nämliche Fünfte sein. z. B.

c d | c d
c d | f g.

49. §. Die kleine Fünfte aber kann nach der grosen gesezt werden, und zwar noch besser, als die grose nach der kleinen, weil ersteres schöner singt. z. B.

g f | als f g
c h | h c

Denn nach dem f in der hohen Stimme kömt füglicher e, welches näher liegt.

f e
h c

50. §. Diese gleiche Verhältnise werden zierlicher in die Mittel- als äussere Stimmen gelegt; weil sie alsdann nicht so deutlich vernommen werden.

51. §. Wenn man die Fünftenverhältnise umkehret: so entspringen Vierten, und sind dem Gehöre viel erträglicher. z. B.

c d c
g a g
E F E.

Kommen aber zu viel dergleichen hintereinander: so wird die Folge der Hauptklänge f e d c h
c h a g f
A G F E D

und dazu in derselbigen Stimme eckelhaft;

daher ist besser	f	e	d	c	h
	c	c	g	g	g
welches gegenwärtige Tonfolge der	a	g	f	e	d
Hauptklänge	F	C	G	C	G erweist.

52. §. Es ist ein nicht geringer Vortheil, wenn man bei vorfallenden dergleichen Fünftenverhältnise die widrige Bewegung anzubringen, und dem Gehöre die Abwechslung zu verschaffen weis; also zwar, daß anstatt in gegenwärtigem Beispiele:

c	d
g	a
e	f
C	D

Die äussere, und Oberstimm zweimal die Achte von der Grundstimme, und die Mittelstimme zweimal die nämliche Fünfte vom Grundklage ist: beides ungereimte

folgender-

folgendermasen vermittels der widrigen Bewegung vermieden werde.

e	d
c	a
g	f
C	D

Aus diesem Grunde ist folgender Saz sehr angenehm.

f	e	d	c	h	c	d	e	f
d	c	h	a	g*	a	h	c	d
h	c	d	e	f	e	d	c	h
Gis	A	H	C	D	C	H	A	Gis.

54. §. Man ersieht hieraus, daß das Gehör, welches die Abwechslung fodert, durch wiederholtes Aufstosen der vollkommensten Wohlklänge beleidiget werde; und davon entschuldiget keine Zurückhaltung:

d	d	c	|	d	d	c
	9	8	|		13	12
D	C		|	G	F	

sondern

sondern die Grundstimme muß also gesezet werden.

D C E | G F A

Ebenmäsig ist folgender Saz gefehlt.

c e e g

ob die Grundstimme C E

oder E G hat.

. §. Man hütete sich sonsten auch für den heimlichen Achten und Fünften. Dieser Anstand ist unnöthig, weil ihre Folge unvermeidlich ist; denn sollte man gegenwärtige Säze

g c | g c

H C | E F

für fehlerhaft angeben, weil in der oberen Simme zwischen dem g und c der Ton h liegt, welches im ersten Falle zwei Achten im zweiten Falle zwei Fünften verursachte: so müste man sich eben auch für diesem Saze hüten:

d c

h c

G C

denn ist das G der Grundstimme tiefer, als das C: so entspringt eine heimliche Achte mit der Mittelstimme; da zwischen G und C in der Grundstimme H liegt. Soll aber das C von der Grundstimme tiefer sein, als das G: so entspringt eine heimliche Fünfte mit der oberen Stimme; da zwischen G und C in der Grundstimme F liegt. Dieses erwiese nun zu viel: also gar Nichts.

56. §. Es ist nur zu gewiß, daß in einem Getöse von vielen Stimmen auch eine Stimm z. B. die Bratsche von der Grundstimme zweimal, ja auch drei- und mehrmal die nämliche grose Fünfte haben könne, ohne daß das Gehör es gewahr, oder beleidiget würde. Aber ein Fehler gegen die Auflösung, gegen die Tonfolge u. s. w. ist nicht zu verdecken.

57. §. Wenn bisweilen die zweite Geige mit der ersten immer um acht Töne tiefer geht: so muß man nicht glauben, es wäre eine neue

Erfindung, und dem Geschmack abgeborgte Abweichung von den trockenen Tonsezregeln. Nein, schon vor undenklichen Zeiten, und so bald als man hohe mit tiefen Stimmen z. B. Flöten mit Waldhörner, und dergleichen zu verbinden anfienge, lehrte dieses die Nothwendigkeit, und kann hiebei Nichts, als die Anwendung für neu angesehen werden. Wenn aber die hohe Stimm mit der Grundstimme im Einklang fortschritte: so wäre es dem Gehöre eckelhaft.

58. §. Daß man weder zwei Achten noch Fünften, aber doch Dritten sezen könne, beweiset die Tonwissenschaft. Denn die Achte ist die nächste Verhältnis nach dem Einklange, und dann folgt die Fünfte. Je näher nun das Verhältnis; desto weniger mannigfaltig ist es: folglich desto geschwinder eckelhaft.

58. §. Daß aber in keinem Falle eine Stimm mit der andern um fünf

Töne tiefer oder höher fortschreiten könne, welches doch mit dem näheren Verhältnis der Achten angeht, ist die Ursach; weil die Fünfte den Grund- zum Hauptklange zu bestimmen allein fähig ist, welches nicht mit den Achten, noch weniger mit den Dritten u. d. angeht.

59. §. Es giebt Fälle, worin die Umwendung bessere Wirkung thut, als der Hauptklang.

60. §. Dem Gehöre kann nicht angenehm sein, wenn z. B. eine Stimme F singt, und nachmalen eine andere Fis, sondern es ist viel besser, wenn die nämliche, die F hatte, auch Fis bekömt; denn sie dämpft gleichsam das F mit dem Fis, wo man sonsten noch glaubt das F, da das Fis schon eingetreten, nachklingen zu hören: also ist besser die Umwendung $\overset{6}{\mathrm{F}}$ $\overset{7}{\mathrm{Fis}}$ G, als die Hauptklänge $\overset{5}{\mathrm{D}}$ $\overset{7}{\mathrm{Fis}}$ G.

61. §. Siebenten, die auch keiner Vorbereitung bedarfen, müssen doch der nämlichen Stimme zukommen; wenn der Ton schon vorher mit der Zusammenstimmung verbunden gewesen: und daher wären folgende Hauptklänge unangenehm $\overset{7}{F}\ \overset{7}{G}\ C$. Es ist aber viel angenehmer, wenn die Stimm, die im ersten Saze das f hatte, es zum zweiten Saze als die 7 von G anhält.

$$\overset{\substack{6\\5}}{A}\quad \overset{\substack{6\\5}}{H}\quad C.\ \text{oder}\ \overset{7}{F}\quad \overset{\substack{6\\4\\2}}{F}\quad \overset{6}{E}.$$

62. §. Zwölf Töne sind in der vermischten Tonleiter. Jeder Ton kann die weiche, und harte Art annehmen: folglich sind 24 Tonarten.

63. §. Was in den zweien einfachsten Tonarten C und A gesagt worden, findet in den andern zwei und zwanzig ebenfalls statt. Wie man aber von einem zum andern gelangen könne, ist noch zu erforschen übrig.

64. §. Für die Ausweichung giebt es nur ein einziges, aber allgemeines Gesez: daß nicht über eine Stufe gesprungen werde, welche der Abstand um ein * oder b in Ansehung der Vorzeichnung ist.

65. §. Das h. G u. w. E mit 1* sind vom h. D u. weichen H mit 2*
—— A —— Fis — 3 ———— E ——— Cis — 4
— — H —— Gis — 5 ———— Fis ——— Dis — 6

um eine Stufe entfernet.

Das h. F u. w. D mit 1 b sind vom h. B u. w. G mit 2 b
——— Es —— C — 3 ———— As ——— F. — 4
——— Des —— B — 5 ———— Ges ——— Es — 6

um eine Stufe entfernet.

66. §. Das harte G, und weiche E mit einem Kreuz sind vom harten F, und weichen D mit einem b, um zwei Stufen entfernet.

67. §. Das harte C und weiche A ohne Kreuz und ohne b, ist so weit vom harten G und weichen E, als vom harten F und weichen D entfernt.

68. §. Ein jedes Sing- und Klingstück wird von einem gewissen Tone hergenennet, und darf, um die Einheit zu erhalten, in keinen Ton ausweichen, der um mehrere Stufen entfernt wäre: folglich darf ein Stück im harten C weder ins harte D noch B ausweichen; denn könnte man in diese zwei Töne: so wären die weiche Tonarten H und G eben so nah, und würde alle Einheit verschwinden, ja nicht mehr wahr sein, daß das Stück im C sei, sondern, daß es im C anfange und schliese.

69. §. Hieraus erhellet, daß in jedem Tone nur sechs als Haupt- und erste Töne er-

scheinen können. z. B. im C das harte C, weiche A; harte F, weiche D; harte G, weiche E.

70. §. Man glaubte sonsten, daß man von der harten zur weichen Tonart in demselbigen Stücke übergehen könne; allein, wenn man erweget, daß selbst die Vorzeichnung einen Absaz von dreien Stufen angibt, und dann die Freundschaft des andern Tons betrachtet: so muß man schliesen, daß z. B. vom C man entweder in alle Töne, oder in keinen über die sechs gemeldte ausweichen könne.

71. §. Ein anders ist von der Orgel zu verstehen, worauf, wenn zum Beispiel nach einem Gesange im E, ein Stück im Es folgt, man sich der entfernten Ausweichungen bedienen muß. Deren sind elf, weil man von jedem Tone der vermischten, und zwölftönigen Leiter in die andere elf fallen, und schliesen kann.

72. §. Diese Zahl wird noch viermal gröser hiedurch, vermittels der Versezungen der weichen und harten Tonart: denn vom harten C kann man zum härten F; vom weichen C zum weichen F; vom harten C zum weichen F; vom weichen C zum harten F übergehen.

73. §. Um auszuweichen, muß man immer betrachten, welch der gegenwärtige Ton von dem zukünftigen sei, und wie der Schlußfall geschehen könne. Die beide Tonarten vom C sollen zum Beispiele dienen, worauf sich alle andere beziehen.

74. §. Die erste Gattung der Schlußfälle ist des Fünften in ersten: folglich ist die nächste Ausweichung vom C ins F, wovon C als der Fünfte mit der Unterhaltungssiebenten b die Vorzeichnung ändert, und das F zum Hauptone bestimmet.

77. §. Die zweite Gattung der Schluß-

fälle ist des vierten in ersten, und so kann man von C ins G fallen.

	6 4 5 3	5 3	4 2	5 3
C	G.			

Diese Art ist sehr prächtig, aber Choral- und Kirchenmäsig; hingegen für Kammer- und Schaubühnstücke wird der Übergang füglicher auf die erste Art vermittels des fünften Tones $\frac{7}{3}$✱ D zum $\overset{5}{G}$ bewirket.

76. §. Um vom C ins A einen Schlußfall zu machen, muß man dem fünften Tone E seine 3✱, auch Unterhaltungssiebente zulegen, und der Lage zugefallen, wird füglicher diese Umwendung angebracht:

	6✱ 4 3	3♮
C	H	A.

77. §. Will man vom C ins D ausweichen: so hat ein dreifacher Schlußfall statt, 1) obiger, wodurch C ins F ausweichet, 2) jener der weichen Tonart eigene mit der

ver-

verminderten Siebente, 3) wiederum der Schlußfall des fünften Tones mit der Unterhaltungssiebente.

$$\begin{matrix} & & 6 & \\ 7b & 7b & 5 & 3\natural \\ C & C\sharp & C\sharp & D. \end{matrix}$$

78. §. Um von dem C ins E einen Schlußfall zu machen, muß dem fünften Tone H seine grose Dritte dis, und grose Fünfte fis nebst der Unterhaltungssiebenten beigesellet werden; weil nun diese zwei Zwischentöne dis, und fis im C noch nicht da gewesen: so soll füglicher, um das Gehör gelinder hineinzuführen, noch C in der Grundstimm mit der Sechsten eingeschaltet werden, wozu A den Hauptklang abgibt. z. B.

$$\begin{matrix} & & 7 & \\ & & 5\sharp & \\ 5 & 6 & 3\sharp & 3\natural \\ C & C & H & E \end{matrix}$$

79. §. Um vom C ins harte D überzugehen, kann Cis als der erhöhte vierte Ton vom G mit der kleinen Siebente, und dann als die Umwendung des fünften Tones mit der

Unter-

Unterhaltungssiebenten einen doppelten Schlußfall bewirken.

	7	6 5	
C	Cis	C*	D

80. §. Um von dem C ins H überzugehen: würde dem Gehöre zu hart fallen, wenn man gleich den fünften Ton Fis mit seiner grossen Dritte und Fünfte zum Hauptklange machen wollte; etwas erträglicher; wenn man noch die kleine Fünfte anhielte, aber am rathsamsten ist, daß zuerst Ais als der erhöhte vierte Ton vom weichen E eintrete, wobei die drei Wohlklänge vom C liegen bleiben können, und dann das Gehör nach und nach hineingeführet werde.

		6* 5 3	6* 4* 3	6* 4* 3	5* 3
	C	C	C	C*	H
		7♮ 5 3♮	7 5♮ 3*	7 5* 3*	
Hauptklänge		Ais	Fis	Fis	

Dieser Übergang ist so gelind, daß auch H zulezt die grose Dritte haben könnte.

81. §. Wenn man von dem C ins harte A auf die nämliche Art, als oben in das weiche fallen wollte: so würde die grose Dritte dem Gehöre sehr hart vorkommen, und wird besser sein, daß A mit seiner kleinen Dritte, und Siebente, als der sechste Ton vom C, dann mit der grosen Dritte, als der Fünfte vom D eintrete, und endlich seine Unterhaltungssiebente in die grose Dritte vom eigenen fünften Tone auflöse. z. B.

			6✳	
	7♮	7	4	5
	3♮	3✳	3	3✳
C	A	A	H	A.

82. §. Vom C ins harte E kann man fast auf die nämliche Art, als in das weiche ausweichen, doch sollte noch ein Ton eingeschaltet werden, wodurch die grose Dritte angekündet würde.

			7	
			5✳	
	6	6	3✳	3✳
C	C	C✳	H	E

83. §.

83. §. Ins harte A schickt sich eben jener Übergang, wie ins weiche; denn er ist sehr gelind.

84. §. Um ins B, Es, As überzugehen, muß dem C gleich seine kleine Dritte beigesellet werden, und dann finden die Schlußfälle statt.

		6									6	
		4									4b	
	3b	3b				3b	7b			3b	3b	
C	C	C	B |	C	C	B	Es |	C	C	B	As.

85. §. Weil das Cis um zwei Stufen weiter vom C als das Des lieget; das Ges aber eben so weit entfernt als Fis ist: so weicht man füglicher in diese mit den gezeichnete Töne vermittels der weichen Tonart C aus.

	3b	7b	
C	C	As	Des.

			6	
			4b	
	3b	7b	3b	5
C	C	As	As	Ges.

86. §. Vom C kann man in das weiche F eben so kommen, wie oben in das harte; denn

denn der fünfte Ton braucht zum Schlußfalle immer die grose Dritte. Um aber dem Gehöre einen Vorgeschmack der weichen Tonart beizubringen, so kann es folgendermasen geschehen.

		7b	
5	6b	5	
3	4	3♮	3b
C	C	C	F.

87. §. Die Ausweichung vom C in weiche G kann gleichfalls die nämliche sein, als in das harte. Um aber die Zweideutigkeit zu vermeiden, wird füglicher nach dem Schlußfalle mit der Unterhaltungssiebente, welcher beiden Tonarten gemein ist, jener mit der verminderten, und der weichen Tonart eigene gesezet. z. B.

	7		
	3♯	7b	3b
C	D	Fis	G.

88. §. Eben dieser Schlußfall findet statt, wenn man in die weiche Tonarten der obigen fünf Töne: B, Es, As, Des, Ges ausweichen will.

89. §. Um von dem weichen C in beide Tonarten F auszuweichen, wird die kleine Dritte in die grose verwandelt, und dann wie oben verfahren.

90. §. Vom weichen C ins harte G überzugehen, muß gleichfalls das C die grose Dritte bekommen. Ins weiche G aber ist genug der Schlußfall mit dem fünften oder siebenten Tone

7 3✻ D	7b Fis	G.

91. §. Zum B, Es, As, Des, Ges ist das weiche C viel näher, als das harte, und die Ausweichungsart in obiger des harten C schon begriffen.

92. §. Will man vom weichen C ins harte D ausweichen: so kann die weiche Tonart G, welche sich sowohl zum weichen C als zu seinem fünften Tone D schicket, den Schlußfall vermitteln. z. B.

3b C	6b 4 D	6✻ 4 3 Eb	3✻ D.

93. §. Ins weiche D wird statt des Schlusfalles des fünften Tones mit der Unterhaltungssiebente jener der weichen Tonart mit der verminderten angewendet.

7b 3♮
C♯ D

94. §. Um entferntere Ausweichungen zu bestimmen, muß man Vortheile suchen, welche die verminderten Siebente und Dritte leisten.

denn Gis h d f kann dem Gehöre vor-
wie as H d f kommen
gis h d Eis
as ces D f

Sie sind die nämliche Griffe auf der Orgel, und doch könnte

Gis der siebente Ton vom weichen A sein.

H	C
Eis	Fis
D	Es

Erniedriget man die Dritte: so wird
Gis der erhöhte vierte Ton vom weichen D.

H	F
Eis	H
D	As

Erniedriget man aber den Hauptklang: so ist

G der fünfte Ton von beiden Tonarten C

B	Es
E	A
Des	Ges

95. §. Will man nun vom weichen C, welches 3 b hat, ins harte A mit 3 * oder auch ins weiche A, wobei doch das gis, als die grose Dritte des fünften Tones unentbehrlich ist: so darf nur der siebente Ton des weichen C, sich in den siebenten Ton des weichen A verwandeln.

VII vom C	H d f as
VII vom A	h d f Gis
und dann kann	h d E gis der beid-

en

en Tonarten gemeine Schlußfall ins A treten.

96. §. Um von dem weichen C ins E auszuweichen, muß der siebente des weichen G zum siebenten vom weichen E werden.

Fis a c es
fis a c Dis

Alsdann kann ebenfalls der fünfte Ton mit der Unterhaltungssiebenten den Ton E bestimmen. fis a H dis.

97. §. Der Übergang vom weichen C ins H wird das Gehör auf eine angenehme Art betrügen, wenn man gleich den vierten erhöhten Ton vom E frei anschlägt, welcher mit den fünften vom weichen F übereinkömt.

g
e
3b C   C
Ais

Verändert sich die verminderte in die kleine Dritte: so ist H der Hauptton.

g
e
cis
Ais

Dann findet noch obiger (95. §. 96. §.) Schlußfall statt.

98. §. Diese bisher bestimmte 44 Ausweichungen können auf einem Saiten- oder Pfeifenspiel die beste Wirkung thun, aber für ein Stück von verschiedenen Stimmen sind sie dem Gehöre unerträglich und dem Tonsezer unbrauchbar; denn der Unterschied z. B. zwischen cis und des wird genau vernommen, und von den geschicktesten Tonkünstlern kann der Vortrag nicht richtig genug sein.

99. §. Alle mögliche Ausweichungen beziehen sich auf obige 44. Und wie es auch immer vorfallen mögte: so bedienet man sich folgender Liste. z. B. Es soll vom

F der Übergang ins Gis geschehen. Hier wird der Ton Gis als As betrachtet; weil weder in der Tonleiter Gis das F, noch in der Tonleiter F das Gis eine Stelle hat, aber in der Tonleiter vom As das F ist. Man suchet F in der ersten Säule, und dieses steht im achten Fache; im nämlichen Fache suchet man das As, und es findet sich in der vierten Säule.

Nun vergleichet man das F in der ersten Säule mit dem C in der ersten Säule, und ersten Fache; As in der vierten Säule gleichfalls mit einem Tone in der vierten Säule aber in dem Fache wo C ist, und da kömt Es heraus. So heist es dann: wie von C ins Es, so von F ins As, und richtet man leztere Ausweichung mit genauer Rucksicht auf die harte oder weiche Tonarten gemäs vorhergegangenen ausführlichen Beispielen ein.

														Fächer
Wie von	C	bis	Des	D	Es	E	F	Ges	G	As	A	B	H	I
So von	Cis		D	Dis	E	Eis	Fis	G	Gis	A	Ais	H	His	II
	Des		D	Es	Fes	F	Ges	G	As	A	B	Ces	C	III
	D		Es	E	F	Fis	G	Gis	A	B	H	C	Cis	IV
	Dis		E	Eis	Fis	G	Gis	A	Ais	H	His	Cis	D	V
	Es		E	F	Ges	G	As	A	B	Ces	C	Des	D	VI
	E		F	Fis	G	Gis	A	Ais	H	C	Cis	D	Dis	VII
	F		Ges	G	As	Ces	B	Ces	C	Des	D	Es	E	VIII
	Fis		G	Gis	A	Ais	H	His	Cis	D	Dis	E	Eis	IX
	Ges		G	As	A	B	Ces	C	Des	D	Es	E	F	X
	G		As	A	B	H	C	Des	D	Es	E	F	Ges	XI
	Gis		A	Ais	H	His	Cis	D	Dis	E	Eis	Fis	G	XII
	As		A	B	Ces	C	Des	D	Es	E	F	Fes	G	XIII
	A		B	H	C	Cis	D	Dis	E	F	Fis	G	Gis	XIV
	Ais		H	His	Cis	D	Dis	E	Eis	Fis	G	Gis	A	XV
	B		H	C	Des	D	Es	E	F	Ges	G	As	A	XVI
	H		His	Cis	D	Dis	E	Eis	Fis	G	Gis	A	Ais	XVII
Säulen	1		2	3	4	5	6	7	8	9	10	11	12	

100. §. Zum Schlusse folgt noch ein runder Tonkreis, worin die vermischte Leiter zum Grunde ligt, und dabei verschiedene Säze der weichen Tonart angebracht sind, so, daß sich aufs höchste ein einziger Ton in der Zusammenstimmung beweget, und die andere immer anhalten.

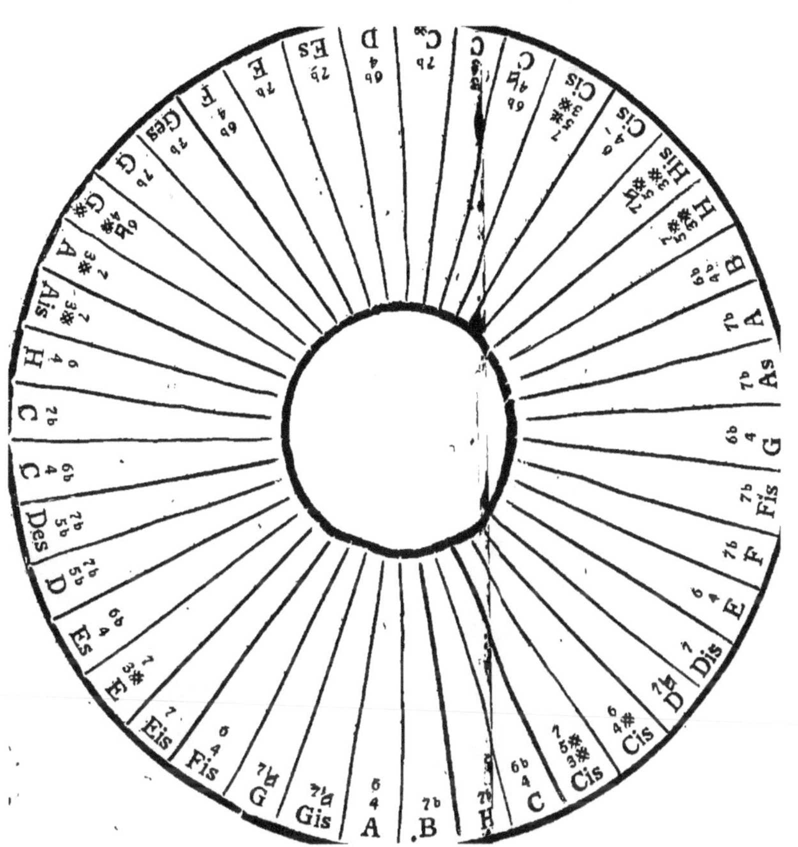

Eis 7
Fis 6 4
G 7
Gis 7
A 6 4
B 7b
H 7b
C 6b 4
Cis 7 5# 3#
Cis 6# 4
D 7
Dis 7
E 6 4
F 7b
Fis 7b
G 6b 4
As 7b
A 7b
B 6b 4b
H 7 5# 3#
His 7 5# 3#
Cis 6 4
Cis 7 5# 3#
C 6b 4
C
C 7b
D 6b 4
Es 7b
E 7b
F 6b 4
Ges 7b
G 7b
G 6 4#
A 7 3#
Ais 7 3#
H 6 4
C 7b
C 6b 4
Des 7b 5b
D 7b 5b
Es 6b 4
E 7 3#

Der gütige Leser beliebe folgende Fehler zu verbesseren, welche seit der Abwesenheit des Verfassers auf kuhrfürstlichem Landgute eingeschlichen sind.

---

2. Seite 8. Zeile der Vorrede, mögte lies möchte.

10. S. 12. Z. 17 §. natürliche lies einfache.

10. S. 19. Z. noch zwei Töne lies noch fünf Töne.

11. S. 16. Z. verhält seze bei sich.

12. S. 13. Z. 14. Z. Saite lies Seite.

12. S. 14. Z. 91. lies 81.

13. S. 9. Z. ces zu d lies des zu d.

13. S. 15. Z. und (cis / des) lies und (des / ces)

18. S. 15. Z. zum D die Neunte lies Fünfte.

22. S.

22. S. 4. Z. gekünstelten lies künstlichen.

24. S. 11. Z. zweiten lies Zweiten.

24. S. 15. Z. 44 §. zweite lies Zweite.

34. S. 5. Z. dritte soll ausgelassen sein.

36. S. 9. Z. sollten lauter grose Buchstaben sein, weil sie die Grundstimm bedeuten.

36. S. 11. Z. statt C, C, C, lies C, G, C.

47. S. 4. Z. 9. lies 7.

51. S. 7. Z. vier ist überflüßig.

57. S. 11. Z. vom F, welches ein b hat, lies vom C, welches kein b noch * hat.

57. S. 13. Z. b lies ben.

64. S. lezte Z. C, F, lies G, F.

78. S. 1. Z. ins harte A lies harte H.

www.ingramcontent.com/pod-product-compliance
Lightning Source LLC
Chambersburg PA
CBHW030552270326
41927CB00008B/1615

* 9 7 8 3 7 4 3 3 6 1 2 0 1 *